走遍世界

很简单

ZOUBIAN SHIJIE HENJIANDAN

柬埔寨大探秘

JIANPUZHAI DATANMI

知识达人 编著

成都地图出版社

图书在版编目（CIP）数据

柬埔寨大探秘/知识达人编著.— 成都：成都地图出版社，2017.1（2022.5 重印）

（走遍世界很简单）

ISBN 978-7-5557-0292-4

Ⅰ.①柬… Ⅱ.①知… Ⅲ.①柬埔寨—概况 Ⅳ.①K933.5

中国版本图书馆 CIP 数据核字 (2016) 第 094446 号

走遍世界很简单——柬埔寨大探秘

责任编辑： 游世龙

封面设计： 纸上魔方

出版发行： 成都地图出版社

地　　址： 成都市龙泉驿区建设路 2 号

邮政编码： 610100

电　　话： 028－84884826（营销部）

传　　真： 028－84884820

印　　刷： 三河市人民印务有限公司

（如发现印装质量问题，影响阅读，请与印刷厂商联系调换）

开　　本： 710mm×1000mm　1/16

印　　张： 8　　　　　　**字　　数：** 160 千字

版　　次： 2017 年 1 月第 1 版　　**印　　次：** 2022 年 5 月第 5 次印刷

书　　号： ISBN 978-7-5557-0292-4

定　　价： 38.00 元

前 言

美丽的大千世界带给我们无限精彩的同时，也让我们产生很多疑问：世界上到底有多少个国家？美国位于什么地方？为什么奥地利有那么多知名的音乐家？为什么丹麦被称为"童话之乡"？……相信这些问题经常会萦绕在小读者的脑海中。

为了解答这些问题，我们精心编写了这套《走遍世界很简单》系列丛书，里面包含了世界各国丰富的自然、地理、历史以及人文等知识，充满了趣味性和可读性，力求让小读者掌握全面、准确的知识。

本系列丛书人物对话生动有趣，文字浅显易懂，并配有精美的插图，是一套能开拓孩子视野、帮助孩子增长知识的丛书。现在，就让我们打开这套丛书，开始奇特的环球旅行吧！

大胡子叔叔

詹姆斯·肖，美国人，是位不折不扣的旅行家和探险家，足迹遍布世界各地。因为有着与肯德基爷爷一样浓密的胡子，所以被孩子们亲切地称为"大胡子叔叔"。

吉米

10岁的美国男孩，跟随在大使馆工作的父母居住在中国，是大胡子叔叔的亲侄子。他活泼好动，古灵精怪，对世界充满好奇。

映真

11岁的韩国男孩，他汉语说得不好，但英语说得很流利。他性格沉稳，遇事临危不乱。

花花

10岁的中国女孩，自理能力差，有一点点任性和霸道。她的父母与映真的父母是很要好的朋友。

目录

转眼又到了10月下旬，吉米吃过午饭后来找大胡子叔叔。胡子叔叔正在书房里看书，样子看起来就像福尔摩斯。

看到吉米来了，他笑眯眯地摸着吉米的头说："高尔基曾说过：'书籍是人类进步的阶梯。'你也来补充

点知识，给大脑充充电吧。"

　　书房里的书真多啊，难怪大胡子叔叔知道得那么多，吉米这样想着，在书房里像只小猴子一样上蹿下跳，到处乱翻，但是那些厚厚的、全是文字的书籍一点儿也提不起他的兴趣。最后，他找到一本全是插图的《世界地图册》，趴在书桌上看起来。不一会儿，突然像哥伦布发现新大陆一样惊喜地大叫了一声。

　　吉米抱着书跑到大胡子叔叔面前，一边抓着脑袋一边疑惑地问："叔叔，叔叔，为什么外国也有一条中国的澜沧江啊？"

　　大胡子叔叔拿过《世界地图册》看了一眼。他指着插图上的一条河流，问吉米："你再仔细看看，这上面写的是'澜沧江'吗？"

吉米仔细看了看，确认无误后说："这上面写的是'湄公河'，可是它和中国的澜沧江是连在一起的啊，这是为什么呢？"

　　大胡子叔叔笑着说："在古老的中国西北部有一座唐古拉山，这座山上源源不断的溪流慢慢汇合，就汇集成了一条河流。河水从青藏高原一泻千里，小河渐渐变成了一条大河，在穿过了中国云南后又流到了国外，沿途经过缅甸、老挝、泰国和柬埔寨等国家，最后在越南的胡志明市全部投进了大海的怀抱。"

　　"哦，我知道了！"吉米激动地

说，"那就是澜沧江！"

"对，只有在中国境内的部分才叫'澜沧江'，整个东南亚都叫它'湄公河'。湄公河和澜沧江其实就是同一条河流。"

吉米脑中的一个问号被解答了，兴奋得跳起来："我知道！我知道！这就叫'君住长江头，我住长江尾'，花园小学的语文老师教过我们这首诗。"

"嗯，聪明！河流是大地母亲的血管，只要有江河流过，那一带的土地就会变得非常肥沃，也更利于人们生产、生活。湄公河流域就是东南亚文明的发祥地，其中受益最大就要数柬埔寨了。"大胡子叔叔指着地图上的一块版图说，"这就是柬

埔寨，是一个传统农业的国家，它的经济发展对湄公河的依赖很大。"

"为什么要叫'柬埔寨'这么奇怪的名字呢？是因为这个国家里有很多寨子吗？"吉米迷惑不解。

"哈哈，'柬埔寨'不过是音译名，它过去又叫高棉、扶南和吴哥。"大胡子叔叔真是知识渊博，脑袋里就好像装下了一座图书馆一样。

吉米羡慕地说："我也要看好多好多的书，以后像叔叔一样博学。"

"光看书有什么用？不如我们去一趟柬埔寨吧。"大胡子叔叔提议道，"中国人不是有句古话吗？'读万卷书，不如行万里路。'"

　　"好啊好啊！我马上就去通知花花和映真。"兴奋的吉米迫不及待地跑去打电话了。

　　就这样，四个人开始了新的旅程。

　　收拾行李的时候，大胡子叔叔叮嘱大家别忘了准备几瓶风油精。孩子们脑海中都不约而同地冒出一个大大的问号，这时候大胡子叔叔却卖起了关子，不管吉米和花花怎样死缠烂打地问他，他都笑着说："到时候你们就知道了。"

　　带风油精去到底是干吗？接下来的旅程会发生些什么呢？

　　柬埔寨，我们拭目以待！

第1章　出发前往柬埔寨

　　大胡子叔叔带着吉米、映真和花花一行人从广州机场出发，飞往柬埔寨。

　　飞机起飞后，径直向西南方向驶去。今天的天气很晴朗，能见度也特别好。从飞机上看下去，中南半岛南部大面积的森林呈现出大片大片的绿色，这让孩子们异常兴奋，因为这意味

着将会有许多丛林冒险来迎接他们。吉米幻想着在热带雨林里遇到人猿泰山，跟着他一起吊着结实的树藤在巨大的乔木间飞奔、跳跃；花花希望能在古老的森林里看到大地精灵，还有花仙子；而映真则期待着能在接下来的旅程里遇到一些自己从没见过的植物，最好是能做成标本，收藏在自己的小宝箱里。

早就听大胡子叔叔说过柬埔寨经济不发达，这个陌生的地方到底是一个怎样的世界呢？三个孩子各自展开了天马行空的想象。

吉米说："那里一定会有很多土著居民吧，就像印第安人一样，大家白天用石头和长矛去打猎，晚上围着篝火商量部落里的大事，酋长大人就坐在众人的中间。"说着，他惟妙惟肖地扮起大人的样子，老气横秋地说："听说最近从中国来了三个白白嫩嫩的小孩子，还有一个长满大胡子的老头子，我们去把他们捉来吃了，味道一定很棒！"说完还贪婪地舔了一下舌头。飞机上的其他乘客看到这一幕，都被逗得哈哈大笑起来。

映真不赞同吉米的观点，一激动又开始说起了英语："No! You are wrong（你错了）！现在地球上的食人族已经很少了，只有在非洲的一些部落里还残存着小部分。再说了，柬埔寨还建有飞机场呢，也不可能落后到那种地步吧。"

"你们说得都不对！那里应该是一个'人间桃源'，人们过着安居乐业的生活，有空的时候就可以去打打猎，钓钓鱼。那

里的风景也一定很美丽，要不然为什么每年都有这么多游客从世界各地长途跋涉来旅游呢？”花花一脸憧憬地幻想道。

孩子们在飞机上激烈地争论这个国家的面貌，每个人都讲述着自己的想象，周围还不时地传来一片笑声。而大胡子叔叔呢，就坐在一旁安静地看着那一本随身携带的介绍柬埔寨的书籍——《失落的文明》。

柬埔寨的大部分国土还保持着几百年前的原貌。这里没有广州和上海那样密集的工业地带。漫长的湄公河从这个国家的中部贯穿而过。

时间在吉米、映真和花花三人的讨论中转瞬即逝，广州到金边的航程要结束了，柬埔寨的首都金边到了。

　　一下飞机，还没等大胡子叔叔反应过来，孩子们就像被放生到江河里的鱼儿，灵活地到处乱窜。只有映真最听话，始终跟在大胡子叔叔身边。大胡子叔叔一把将另外两个小孩抓了回来，左手提着花花，右手提着吉米，用十分吓人的语气说道："据科学家证实，柬埔寨还残留着一些食人族部落，长老们最喜欢吃小孩子了。"吉米和花花被这样一吓唬，都有点将信将疑，瞪大了眼

睛异口同声地说："不会吧！"

　　这当然是大胡子叔叔编造出来吓唬小孩子的谎言。下飞机后，大家还有一件最重要的事情，就是过柬埔寨的海关安检。

　　不过这次安检似乎并没有他们以往去过的国家那么顺利。海关的官员一会儿嫌签证的盖章不清晰，一会儿又说手续不齐全，总之是想方设法从鸡蛋里面挑骨头。眼看着马上就可以去柬埔寨历险了，现在却被拦着不让进，花花急得都快哭了，她不停地摇着大胡子叔叔的手问道："我们是不是又要坐飞机回去啊？"

　　"花花是个爱哭鬼。"吉米做了一个鬼脸，学着花花的样子抹眼泪。花花马上就不哭了，噘着小嘴巴不服气地说：

"哼，吉米还是个胆小鬼呢，晚上都不敢一个人上厕所。"

这时，海关官员走过来和大胡子叔叔用英语交谈了一阵后，终于让他们顺利地通过了安检。

花花心里的一块大石头终于落地了，还好这一趟没有白来。刚才看到海关官员那一脸严肃的样子，吓得她以为还没有吃到一口柬埔寨的特色小吃，就要这样打道回府了呢。

$10

第2章　　摩托车王国

　　出了飞机场，一行人终于从熙熙攘攘的人群中解脱出来，来到外面广阔的新世界。

　　这时候，吉米在好奇心的驱使下发问："大胡子叔叔，这个地方为什么叫'金边'呢？是不是因为这里有很

多金子？"

　　"哈哈，"大胡子叔叔被孩子的天真逻辑逗笑了，"'金边'的名称是来源于一个当地人口耳相传的故事。传说在600多年前，柬埔寨发生了一场大水灾，有一根大木头就在这场水灾中被冲到了一个地方。有个姓奔的妇人在藏有这根木头的树洞里面发现了五尊金光闪闪的佛像。当时佛教在东南亚一带十分流行，几乎家家户户都信奉，虔诚的奔妇人就堆出了一座山来供奉这五尊佛像。后来的人们为了纪念奔妇人，就将这座宝山命名为'百囊奔'，'百囊'在柬埔寨语中就是大山的意思。后来'百囊奔'在当地华人的口中又演变成了'金奔'。"

　　花花恍然大悟："广东话中'奔'和'边'的读音差

不多。"

大胡子叔叔像个长老一样慢慢地捋着他那茂盛的胡须说道："就像花花说的那样，后来'金奔'就被叫成了'金边'。柬埔寨在很早以前就有华人的足迹了。20世纪90年代后，这里重新恢复了安定的环境。此后许多华商又把投资的眼光放在了这里。从这里到市区可没有公交车，所以我们只有打车了。柬埔寨的第一家出租车公司就是广州的华商开办的。我们走吧。"

出租车司机是本地人，服务态度很好，会用简单的中、英双语交流，一路上给孩子们讲解着金边的特色。不一会儿就到了市区。

一到市区，孩子们就被眼前的景象惊呆了。到处都是摩托车，在公路和大街小巷里像蚂蚁一样穿梭着。花花想起和妈妈一起去过的一个广东惠州的小镇，那里就和现在一样，是一片摩托车的海洋。虽然密密麻麻的都是摩托车，但这里的摩托和行人似乎达成了某种默契，彼此擦肩而过，彬彬有礼。

大胡子叔叔说："在柬埔寨，每年大约有20万辆摩托车的需求。它灵活多用，油耗又少，所以在人均收入偏低的柬埔寨非常受欢迎，是柬埔寨最经济和方便的交通工具。一般的两轮摩托车顶多也就

载1个人吧，但在柬埔寨，摩托车载2个人很平常，载3～4个也很常见，据说这里摩托车的准载量是5人。柬埔寨的许多家庭经常是全家几口人乘坐一辆摩托车出行，就像我们一家人开着小汽车出去一样，非常惬意！这里的人们早已习惯了摩托车这种随处可见，且无所不能的交通工具，看起来眼花缭乱，但却很少会出现交通事故。"

"嗯，以前在电视上听说过，在金边闭着眼睛横穿马路都不会有事呢！"映真这句话引来大伙儿一阵大笑。

四人找了几辆便宜的摩托车，把行李一起拉到了一家旅馆。

金边最主要的交通工具

金边是柬埔寨的首都，人口众多。由于经济等多方面的原因，摩托车成了这里最主要的交通工具。在很长一段时间里，柬埔寨没有出租车，连公交车也没有。几年前中国商人在金边投资，才建立起柬埔寨的第一个出租车公司，乘客一般为游人。摩托车简捷轻快，能够在狭窄的大街小巷中灵活穿梭，经济投入又少，自然成了市民们的首选。

第3章　　疯狂的嘟嘟车

接待游客对于以旅游业为支柱产业的柬埔寨来说是家常便饭，交流基本上没有什么大碍，当地人或多或少地懂得一些各国常用的语言。旅馆的前台服务员会说一口流利的英语，这让开房节省了不少时间。

在旅馆登记好房间后，大胡子叔叔准备带着孩子们去市区逛逛。这次又要乘坐什么样的交通工具呢，不会又是摩托吧？几个小孩心中都在好奇地猜测。

大胡子叔叔给了旅馆服务员5美元，让她拨通了一个号码，不一会儿后，一辆三轮车就开到旅馆门前。当然，大胡子叔叔也可以自己找车，但是他看到孩子们迫不及待的样子，就选择了更快捷的方式。

三轮车柬埔寨语为"TUKTUK"，在南亚、东南亚及南美洲地区是一种非常普遍的交通工具，很多地方甚至直接把它当出租车来使用。三轮车是一种自动人力车，不但价格合理，而且能同时容纳多人乘坐。来到柬埔寨旅游的人们大多选择它作

为出行工具。三轮车通常能坐4个人，车顶上有遮雨棚，棚上有4个扶手，在行驶过程中可以帮助乘客保持平衡。

　　从小生活在富足家庭的吉米、映真和花花从来没有坐过这种奇特的交通工具。他们一看到这辆奇形怪状的三轮车，立刻来了兴趣。三个小家伙围着它东看看、西瞧瞧，不时地伸出小手摸两下，心中充满无限好奇。

　　"孩子们，我们上路吧！"大胡子叔叔刚说完，孩子们已敏捷地蹿上了三轮车。

　　这个司机的英语似乎比机场外的那个出租车司机差很多，一路上总是沉默寡言，遇到孩子们提问，也只是咧开嘴笑笑。不过一路上还有知识渊博的大胡子叔叔给孩子们当"导游"，

讲解着这里的风土人情和历史传说。

三轮车在金边缓慢地行驶着，四周浓郁的柬埔寨风情的景物让人应接不暇，三个孩子的脑袋就像猫头鹰一样转来转去，不断地发出惊喜的叫声。

这里的房屋大都有一个尖尖的像塔一样的顶子，屋子下面有很多高高的柱子。有些房屋被涂成金黄色，木质的屋檐上刻满了美丽的佛教浮雕。

大胡子叔叔讲解道："你们看到的这种底下有长柱子的房子，就是柬埔寨独特的'高脚屋'，上层住人，下面可以饲养牲畜或停放车辆，有点类似于中国西双版纳的房屋。由于柬埔

寨位于中南半岛的底端，靠近赤道，受热带季风气候影响，终年多雨而且气候炎热，聪明的柬埔寨人民就发明了这种离地几米高的'空中楼阁'，一来可以防止沾染大地的湿气而患上疾病，二来可以避暑，还可以避免草丛中毒蛇的袭击。

柬埔寨的人普遍都长得瘦削精干，皮肤黝黑。男人们上身穿着一种直领的衣服，衣服上面有许多扣子，下身则穿一种印着美丽图纹的"裙子"。大胡子叔叔说这就是"纱笼"，有些柬埔寨男人穿着一种像鱼儿尾巴一样的，叫作"山朴"的长布条。柬埔寨的女人非常漂亮，身材袅娜，还长着一对大而明亮的眼睛。女人和男人下装穿着区别并不大，都是"纱笼"或者"山朴"，但上身却是圆领，有时腰间系有漂亮的

腰带。

这时的天气比较炎热，市区里到处都能看到只穿着"纱笼"或"山朴"，而光着上半身的男人。

三轮车行驶到一片区域，花花突然大叫："哇！好多外国人的房子，这里肯定有很多老外居住。"

果然就像大胡子叔叔介绍的那样，他们又看到许多日式建筑。这些在大地上沉寂的建筑就像一个老者，为每一位过往的游客讲述着那段在烟尘中远去的历史。

这一天他们游览了好多地方，不管是乡村还是城镇，不管是广场还是小巷，三轮车都显得游刃有余。四人一直逛到了下午，有些累了，才回到了旅馆。

映真忽然想到一个有趣的话题："你们看这三轮车，爬坡下山，穿街过巷，样样都行，像不像一只米老鼠？"

大胡子叔叔、映真和花花像事先约好似的，一起笑着说："哈哈，而且还是一只疯狂的'米老鼠'！"

第4章　柬埔寨的"七彩星期"

回到旅馆时，天还没开始黑，花花的手表上显示的时间已经是晚上了。难道是手表坏了吗？可是花花把时间和旅馆墙上的挂钟对了一下，没有错呀。

大家都丈二和尚摸不着头脑，花花揉了揉自己的眼睛，不停地抬头、低头，对照手表和旅馆挂钟的时间。映真皱

紧了眉头，像是在脑海中搜索着什么。吉米则一边挠着自己的头，一边嘴里嘟嘟囔囔的。

大胡子叔叔在一旁看够孩子们可爱的神情，终于开口了："哈哈，你们跟着我一起游历了这么多地方，难道还没有学会一点地理常识吗？柬埔寨在中国的西边，这里的时间比北京时间慢了一个小时左右。再加上它的纬度又比中国低，现在是下半年，太阳直射点早就跑到南半球去了，低纬度的柬埔寨白天时间比中国的长，这样一来，它的日落时间自然就要比中国晚很久了。"

孩子们听完后感到非常惭愧，和大胡子叔叔在一起这么久了，竟然连时差都没弄清楚。花花的脸都变红了，难为情地吐了一下舌头。

　　晚餐是在旅馆旁边的饭店里吃的，据说当地人非常喜欢吃葱、姜、蒜等调味料，在菜系上尤其钟爱中国的云南菜和广东菜，所以花花毫无悬念地吃到了"祖国的味道"。吉米和映真点了一盘披萨，大胡子叔叔则美美地品尝了一番柬埔寨的特色食品——高棉传统面条。这种面条最出彩的地方就在于汤底，它是由椰子末、黄咖喱、鱼肉和虾仁等材料熬制而成的，吃起来味道独特，让人回味无穷。

　　大胡子叔叔一边吃着面条一边对花花说："这种高棉面条和我以前在中国吃到的云南过桥米线很像，都是先盛汤，然后再把面条和佐料一起倒入汤中，搅拌均匀后食用。但味道却大不相同，云南过桥米线少了一分海鲜味。"

　　酒足饭饱后，大家回到旅馆，虽然累了一天，但是三个孩子却好像一点儿也不知道疲倦，嬉戏打闹一阵子后，才乖乖地坐在床上看电视。不管遥控板怎么按，电视里面只有两个台，听大胡子叔叔说是西哈努克频道和金边频道。孩子们当然听不懂电视机里叽里呱啦的柬埔寨语言，只是觉得非常好玩。吉米和花花还古灵精怪地学起电视里的男女主人公讲话，模仿得倒是有板有眼的。

大胡子叔叔冲了一杯咖啡，一个人来到了窗边。

金边的夜色真美呀，从旅馆的窗户向外望去，到处都是星星点点的灯光，别有一种宁静之美。街上的行人和车辆少了，白天繁忙的一切悄悄退居到了被夜晚遮挡的幕后。民居里传来柬埔寨古老的打击器乐声，让人的心思不由自主地飞到遥远的古代。

神游了许久，大胡子叔叔看了一下表，说："孩子们，

该睡觉了，明天我们还得去市场上买衣服。"

"太好喽！明天去买衣服！"花花一听到"买衣服"几个字立刻兴奋得手舞足蹈。她本来还想说什么，但是这时却传来了大胡子叔叔"呼哧呼哧"的呼噜声。哈哈，看样子大胡子叔叔今天真的是累坏了呢。

第二天，大胡子叔叔把孩子们带到了金边市区的一个服装店。这里面陈设的全

都是一些柬埔寨当地服装，像"纱笼""山朴"之类的衣裤。吉米拿起一件"山朴"裹在自己的头上，只露出两只眼睛，对花花说："花花你可以这样穿，你看，像不像美丽的印度少女？嘻嘻……"

孩子们在一旁闹着玩，大胡子叔叔却挑衣服挑得津津有味，最后选定了七件颜色各不相同的衣物。

映真好奇地问："大胡子叔叔你是要参加狂欢派对吗？买这么多五颜六色的衣服。"

"这是柬埔寨人一种独特的风俗，用服装来表示星期，星期一的时候穿嫩黄色的衣服，星期二呢就穿紫色的衣服，星期三是绿色，星期四就穿灰色或者浅蓝色，星期五穿青色，星期

六穿黑色，星期天穿红色。我也想入乡随俗，体验一下'七彩星期'的感觉。"

"那大胡子叔叔就要成为'变色龙'了，每天换一种颜色。"

几个小孩哈哈大笑起来，大胡子叔叔也跟着一起笑了。随后他说道："七彩星期中唯独没有白色，因为白色在柬埔寨是死亡之色。一般是某人去世后，送葬的亲友才要穿白色的孝服。

第5章　女人的村庄

　　路上，他们遇到了一对当地母女，聊了一会儿后，母亲就邀请他们去家中做客。大胡子叔叔很高兴地接受了她的邀请，并请她和她的女儿一起乘上了三轮车。

　　六个人就这样一起挤在狭小的三轮车上，一路上有说有笑。小女孩和孩子们虽然

语言不通，但是用一些手势搭配简单的英语词汇，也能够明白对方的意思。通过交谈才知道，原来这个小女孩叫索曼罗次，"索曼罗"是她妈妈的姓。

大胡子叔叔虽然见识广博，但是这时候也像吉米他们一样疑惑了："我看过的资料上面都明确地说过柬埔寨的孩子是跟着父亲姓，怎么这位姑娘却是跟着母亲姓呢？"

"欧耶！大胡子叔叔也有不知道的时候，哈哈！"吉米摆出一个胜利的手势。

索曼罗次的妈妈说："你说得没错，在我们柬埔寨孩子是跟着父亲一起姓的，姓在前，名在后，而且名字越长就意味着这个人的地位就越高贵。"

大胡子叔叔更加疑惑了："那你女儿为什么跟着你姓呢？"

花花扯了扯吉米的衣服，凑到他耳边眉飞色舞地说："你看大胡子叔叔现在像不像一个小孩子？"

"哈哈，太像了！"吉米大笑道。

索曼罗次的妈妈继续说："你们可能都没有听说过柬埔寨的戈岛吧？我们这些苦命的女人有的是丈夫不幸去世，有的是被丈夫抛弃了的，最开始我们在街上流浪或者乞讨，露宿街头，后来一个叫作'家庭计划'的非政府组织把我们召集起来，帮助我们建立了一个村庄。我就住在这个没有男人的村庄里，现在村子里有40个妇女和100多个孩子。外界的人都把我们村子称为'女人的村庄'，我还把女儿的姓改成了我的，就是希望她能成为一个不依靠男性也能生活下去的坚强女人。"

听她这么一说，大家心中都有点儿同情和敬佩，但是同时又对这个没有一个男人的村庄产生了浓厚的兴趣，恨不得马上就进去看一看。

三轮车不愧是"疯狂的米老鼠"，在乡下泥泞的道路行驶得非常顺利，一会儿就到了河边，终于可以下车了。

河流对岸就是戈岛，六个人从三轮车上下来后又坐上了一艘小船，前往那个"女人的村庄"。

刚走到村口，孩子们就听到了鸡鸭的叫声，对于这些从小居住在大城市里的孩子们来说，这可真是稀奇极了。而见惯了各种风土人情的大胡子叔叔就表现得淡定多了，也不像孩子们那样东张西望，只是向索曼罗次的妈妈咨询

着关于这里的一切。

这里的风景真美啊！没想到在这个小岛上竟然还有这样一个远离喧嚣的世外桃源。村庄里到处都是菜地，木制的小房屋旁边还种了各种各样的花草。有的女人在鱼塘里捞鱼，有的在田间施肥，还有的背着小孩子在缝制衣物。她们看到村子里来了新客人，都大声地打招呼，但是孩子们一句也没有听懂。

索曼罗次的妈妈说："我们的村长叫雅蒙，在她的带领下我们把这个村子经营成了金边的模范村。刚开始来这个村子的时候，大家都十分消极，做起事来也没精打采的，但是现在

我们都像换了一个人一样。虽然经历了生活的打击，但是以前所有的一切都在这里得到了补偿。我们种了很多菜，也养起了鱼，有时间就把这些菜和鱼以及自己制作的衣裳拿到市场上去卖。村庄就像一个大家庭一样，每个人都互相帮助，和睦相处。要是谁家遇到困难，我们大家都会去支援她。"

很快大家就来到了索曼罗次的家，虽然这是一座用木头和干草搭建起来的非常简陋的房子，但是孩子们却一点儿也没有嫌弃，反而觉得能在这个村子里生活是一种幸福。

"我们这里非常简陋，你们也不用讲究那些

繁琐的礼节，随便一点吧。"索曼罗次的妈妈微笑着说。

于是孩子们就更加放松了，和索曼罗次一起跑出家去，不久，传来阵阵孩子们的嬉笑声。

为了招待这几个外国来的新客人，村子里的其他女人都把自己家里养的鱼和鸡送到了索曼罗次家里来。戈岛村的村民们真是好客，这顿午餐十分美味。

临走的时候大胡子叔叔给了索曼罗次的妈妈10美元，索曼罗次的妈妈高兴地收下了。

在回旅馆的路上，大胡子叔叔对孩子们说："柬埔寨人非常贫穷，所以如果你在她们家里吃饭后，适当地给她们一点钱，这样也是一种礼节，她们是不会拒绝的。"

第6章　关过犯人的学校

　　从戈岛的"女人村庄"回来后，孩子们都有点怀念和索曼罗次在一起玩的时光，要是能让她和大家一起去旅游该有多好呀！

　　这天早上，大胡子叔叔又宣布了新的行程："孩子们，今天我要带你们去看一所学校。"

　　"去学校干嘛？难道是去找索曼罗次吗？"孩子们不由得兴奋起来。

"去哪个学校？"映真补充道。

"这个嘛……"大胡子叔叔卖起了关子，嘴角两边的胡须翘了起来，神秘地笑着，"这是个秘密！"

到底是什么样的学校？为什么大胡子叔叔不肯说呢？难道真的是去看索曼罗次吗？这一连串的问题在孩子们的脑海中此起彼伏，撩得心里痒痒的。

花花摇着大胡子叔叔的胳膊说："大胡子叔叔最好了，你就告诉我们吧。"

"你们想知道的话，就赶紧收拾好东西跟我一起去吧。"大胡子叔叔还是不肯说出答案。

"好！"孩子们一窝蜂地回到房间，拿上各自的物品，冲出了旅馆。

在柬埔寨要是约好了一个三轮车司机，他就会一直为你服务，直到整个旅程结束。每到一个景点，三轮车司机都会在外面等候雇主，每日三餐都吃着自己随车携带的食物。这次去那个神秘的学校，几个人也是乘坐昨天的那辆三轮车。

三轮车开到金边市南的一排建筑物前停了下来，大胡子叔叔还给了司机几美元请他去吃早餐。

"孩子们，学校到了！"大胡子叔叔大声宣布道。

这真的是一所学校吗？可是到处都是游客，进去后也没有看到操场上有玩耍的学生。

大胡子叔叔说："这里原本是一座学校，到了1976年5月，

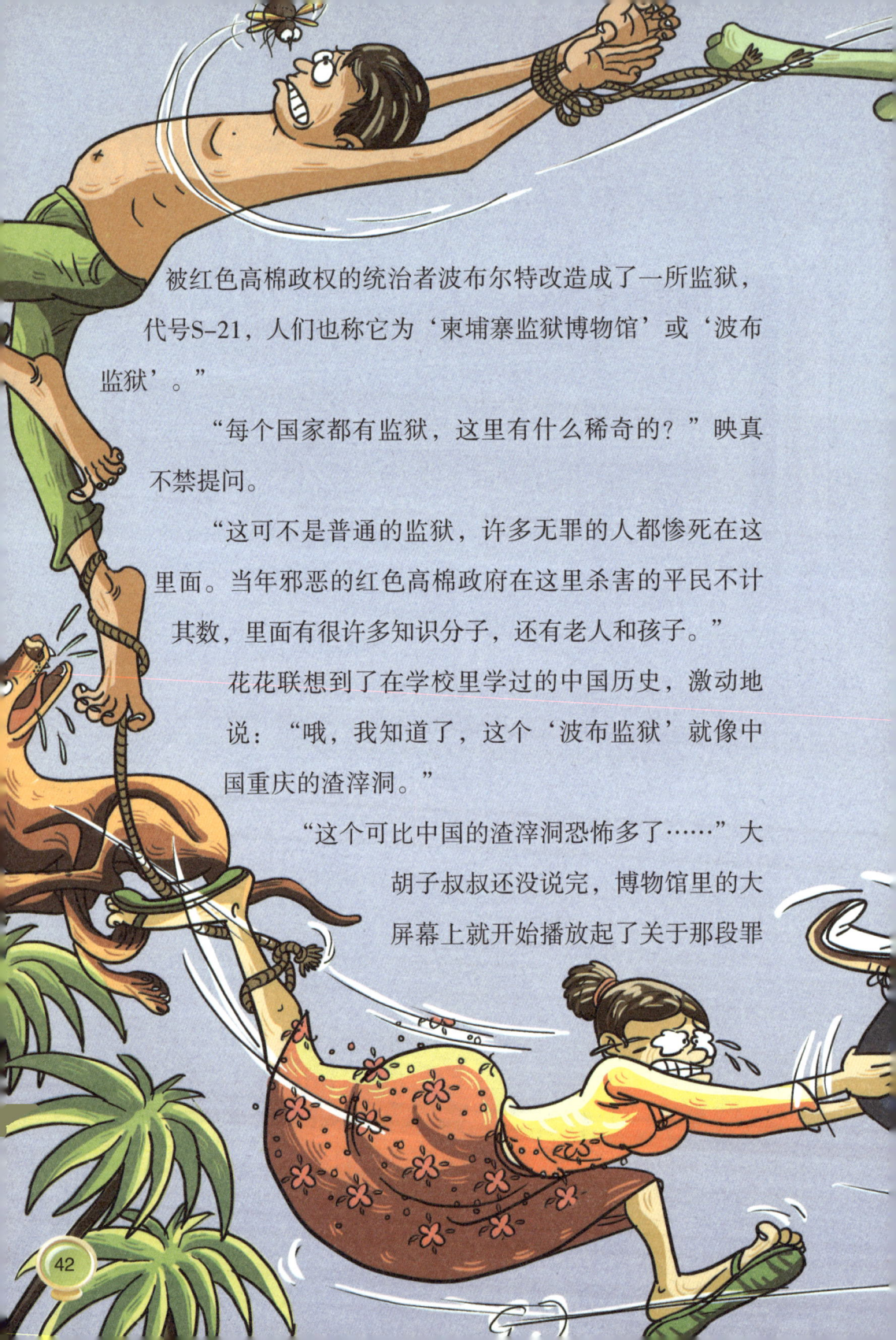

被红色高棉政权的统治者波布尔特改造成了一所监狱，代号S-21，人们也称它为'柬埔寨监狱博物馆'或'波布监狱'。"

"每个国家都有监狱，这里有什么稀奇的？"映真不禁提问。

"这可不是普通的监狱，许多无罪的人都惨死在这里面。当年邪恶的红色高棉政府在这里杀害的平民不计其数，里面有很许多知识分子，还有老人和孩子。"

花花联想到了在学校里学过的中国历史，激动地说："哦，我知道了，这个'波布监狱'就像中国重庆的渣滓洞。"

"这个可比中国的渣滓洞恐怖多了……"大胡子叔叔还没说完，博物馆里的大屏幕上就开始播放起了关于那段罪

恶历史的纪录片。在波布监狱博物馆里，每天的上午10点和下午3点都会准时播放视频。

孩子们的视线随着纪录片里讲解员旁白的声音，全部转移到了大屏幕上，黑白的画面把人们带回了那段痛苦的回忆当中。这是人类历史上从未出现过的一个"奇景"，人性和光明就像衣服一样被人们随手脱去，许多双惶恐的眼神在漫无边际的黑暗中无助地流泪。无数的家庭变得四分五裂，无数的孩子还没经历过人生风景就迈向了地狱。温馨和文明已经荡然无存，这个国家的天空被鲜血染成了一片红色，每个人的心中都写满了恐惧。

"我不敢看了……"花花别过脸，跑到了走廊上不停地喘气，眼中的泪珠儿簌簌地落

了下来。吉米和映真脸上的表情也变得很痛苦，眼睛里一片潮湿。

大胡子叔叔叹了一口气，点燃一支烟，语重心长地说："柬埔寨真是一个多灾多难的国家，直到1999年才正式停止战火。当1979年的横山林政权打败红色高棉政权，解放金边时，波布监狱里只剩下7名幸存者和14具尸体了。这所学校每个教室都被分隔成了几个牢房，每个牢房的墙上都贴着编号。当年那些在教室里读书写字的学生，有部分成了红色高棉政权的拥护者，充当着杀人的工具。"

花花在走廊上环视着这所"学校"，几层楼高的教学楼，下面是草坪和操场，校园里种满了棕树。校园里仿佛出现了当年那些孩子们书声琅琅的情景，然后又变成了被囚之人嘶哑的呐喊。花花想到了索曼罗次，她面对自己祖国这样的一段历史，心中该是多么绝望啊。

　　昔日的校园，现在却变成了一个监狱博物馆，每天向络绎不绝的游人展示着那些触目惊心的刑具和图片。

第7章　原来风油精是这么用的

　　从波布监狱出来，孩子们的心情都变得非常复杂。以前每一次去景点玩了之后，回来的路上大家总是嘻嘻哈哈的，但是这一次却大不相同，孩子们都异常地沉默。

　　那些触目惊心的片断还在孩子们的脑海中

回放着，历史的苦痛发人深省。

　　吉米在想，自己现在能够生在一个和平安定的环境里，是多么的幸运啊！映真在思考着那段苦难的源头，和它们发生的真正原因。而花花则深深同情着那些无辜的人们，心里被一片悲伤笼罩着。

　　今天的天气很好，天空万里无云，太阳就像一只大烤灯，悬挂在天上，烧灼着它身下的这片大地。孩子们的沉默终于被高温打破了，他们开始痛苦地呻吟起来。

　　吉米满头大汗地说："该死的鬼天气，比那段历史还毒辣！我都快热死了，真想跑到北极去啊。大胡

子叔叔，现在都秋天了，怎么还这么热呢？"

大胡子叔叔伸出手，遮着眼睛，抬头望了一下那熊熊燃烧的太阳，说："柬埔寨是低纬度国家，属于热带季风气候，终年高温多雨，就和南美洲的亚马孙平原差不多。在这样的气候里，柬埔寨人一生都是没有'冬天'的。所以当我们在金边大市场里逛的时候，几乎没有发现一个出售冬天衣服和用品的店铺，因为他们一年四季都是'夏天'。"

"还是中国的气候好，春夏秋冬，每个季节都有各自的特色。春的生机勃勃，夏的张扬火辣，秋的风轻云淡，冬的素洁温馨。"花花说。

"每个国家都有自己的特色，其实柬埔寨这样的气候也有它的好处。在中国大部分的地方，农作物都是春天种下，夏天生长，秋天收获，冬天贮藏。这样一来的话，每年只能收获一次或者两次。但是柬埔寨终年高温多雨，这里有丰富的光热和雨水资源，满足了植物的生长需要。所以这里一年可以收获好几次，甚至有的农作物春夏秋冬四季都在收获。收获多，农民伯伯的粮食就多，人们就吃得饱，生活就越富足。"

大家谈得正起劲，映真突然大叫了一声："吉米晕倒了！"

只见吉米晃晃悠悠地摇了几下后，有些无力地说："大胡子叔叔，我感觉头特别晕，快站不稳了。"

大胡子叔叔把吉米抱了起来，揉着他的额头说："这是中暑了，今天的气温实在是太高了。"

"那怎么办呀？快点送医院呀！"花花说。

大胡子叔叔好像一点儿也不着急，胸有成竹地

说："没事，我有办法。"

他叫三轮车司机把车开到了一处阴凉的地方，把吉米放在了一棵大树下面。

映真紧张起来："大胡子叔叔，快点把吉米送到医院去吧，你看他好难受的样子。"

"不要急，我有药。"大胡子叔叔很有把握地说。

大胡子叔叔怎么会有药呢？到底是什么药？花花和映真越来越好奇了，大胡子叔叔这葫芦里到底卖的是什么药？

大胡子叔叔从衣袋里取出了一个绿颜色的小瓶子，倒了一些药水出来涂在吉米的太阳穴上，揉了一会儿后，吉米就睁开眼了。药水散发出浓烈刺鼻的味道，闻到后让人感觉十分清凉，孩子们一下子就知道了是风油精。

吉米变得清醒些了，听大胡子叔叔讲述了刚才发生的这一

切，惊叹道："大胡子叔叔你真聪明，原来在来柬埔寨之前叫我们带上风油精是干这个的。"

大胡子叔叔笑着说："风油精里面主要有薄荷脑、樟脑和桉油等物质，可以醒脑提神，清热解毒，不仅能预防晕车、中暑等，还有另外的作用哦。"

"另外的作用是什么啊？"孩子们都好奇地问了起来。

"这个嘛，同样的，It's a secret（这是一个秘密）！"

这回大胡子叔叔又卖起了关子。风油精到底还有什么另外的作用呢？大家心中都充满了疑惑，迫不及待地想知道答案。

风油精的妙用

风油精是一种用薄荷脑、水杨酸甲酯、樟脑、桉油、丁香酚等制成的液态药物，其主要功效是清凉、止痛等。如果将其涂抹在蚊虫叮咬的患处，可以起到止痒的作用。将风油精涂抹在太阳穴处，还能起到预防中暑的效果。所以，在野外出行时，风油精是值得携带的简便药物。若已有中暑症状，应及时就医。

第8章　归来的国王

接下来，他们来到金边的大皇宫游览。

在银殿的北方，孩子们发现了一座小楼，里面供奉着一座长着三只眼睛的怪牛神像。

"这只牛是不是二郎神的亲戚啊，怎么长了三只眼睛？"花花感觉非常有趣。

"这只三眼牛是柬埔寨传说中的神牛，湿婆神的坐骑。你们可别小看眼前的这尊神像，它可是用纯银打造的。"大胡子叔叔听到花花的话后也跟着一起笑了，"这座小楼是大皇宫的藏经楼，这里还珍藏着许多珍贵的贝叶经哦。我们都知道，纸是中国人在西汉时期发明的，但是在造纸术还没有传到国外的时候，这些人怎么写佛经呢？聪明的印度人就想到了把宽大而且坚硬的贝多罗树叶子拿到锅里去煮，煮的时候加一些柠檬之类的东西，这样就可以去除异味，还可以加速叶子表皮的脱落。煮大半天后，等到叶子的颜色开始变成淡绿白色，人们就可以把它捞起来，用水洗干净了。然后再拿去晒，等它完全丧失了水分后，就可以在上面写字了，而且还可以保存得很久，就算流传了上千年，字迹依然清晰可见。"

"哇，写在树叶上的佛经，好有诗意啊！"映真也赞美道。

大胡子叔叔笑着说："诗意倒是诗意，但是书写和搬运可就痛苦了。干贝叶制作好后，人们就会几片一册地将它用绳子串起来，就像中国古代的竹简一样，然后用铁笔在上面刻字。书写起来很慢，搬运也不太方便。中国小朋友最喜欢看的《西游记》

里面的唐僧，在历史上的真实原型叫玄奘。他当年去西天取得的经书就是贝叶经，要从天竺运到千里之外的大唐，可以想象他有多么的不容易了！现在流传下来的贝叶经已经很少了，所以藏经阁里的可都是些稀世珍宝。"

听了这么多，孩子们又增长了不少见识。原来有一种经书是写在叶子上的，世界各国的灿烂文化真是丰富多彩啊！每当遇到困难时，人类总会用自己的聪明才智去战胜它，这些各种各样的发明，就组成了整个地球的文化。

花花一直盼望着能在皇宫里遇到王子和公主。现在她遇到公主了，但是却一点也高兴不起来。因为这是一个公主的骨灰塔，里面盛放着她年轻的灵魂。塔边的文字介绍说她的名字叫甘达帕花，是前任国王西哈努克最疼爱的一位小公主，伶俐乖巧，可爱孝顺。但是不幸的是，她在4岁的时候就被白血病残忍地夺去了幼小的生命。

"可怜的小公主，你的父王一定很想念你吧。"花花双手合十，同情地说道。

"'红色高棉'怎么没有杀害西哈努克国王呀？"

"西哈努克从小在越南留学，后来回国继承了外曾祖父的王位。当时柬埔寨还处于法国的殖民统治之中，所以西哈努克虽然贵为一国之君，其实手上并没有什么实权。第二次世界大战开始后，柬埔寨又沦为了日本的殖民地。二战结束后，柬埔寨又回到了法国

殖民者的手中。国内的人民已经对这种殖民现状非常不满了，作为国王的西哈努克就带领着人们发动了全国范围内的反法示威游行，并发誓如果柬埔寨一天得不到独立，他就一天不回到金边。这场运动后来成功了，柬埔寨终于重新获得了独立自主权。西哈努克回到金边的那天，前来欢迎的人们密密麻麻地挤满了街道，大家还亲切地称他为'独立之父'。柬埔寨虽然独立了，但是实行的却是'君主立宪制'，在这种制度下的国王只是一个象征符号而已，也无法获得实权。于是西哈努克就主动把王位让给了他的父亲，他自己去组建了一个政治团体，并被选举成了国家元首。后来趁西哈努克到俄罗斯访问期间，国内的一个叫郎诺的将军突然发

世界人民大团结万岁

动了政变，并迅速控制了柬埔寨的国家大权，建立了共和制的高棉共和国，也就是我们现在提到的'红色高棉'政权。随即西哈努克流亡到了中国北京避难，毛主席一直把他当成贵宾来招待。西哈努克和周恩来总理早在'万隆会议'时就已经认识了，他非常欣赏周总理的聪明智慧，和他成为了好朋友。西哈努克流亡北京时，周总理还亲自前往迎接。后来'红色高棉'被推翻，柬埔寨重新恢复了'君主立宪制'，西哈努克才回到自己的祖国继续当国王，他把中国当成他的第二祖国。在他的努力下，柬埔寨和中国建立了深厚的友谊。"

听到大胡子叔叔讲起柬埔寨的国王

和中国有那么多的故事，花花心中油然而生出一种自
豪感。

　　当一个国王原来这么辛苦啊，并不是想象中那样
高高在上、过着神仙一样的生活。作为一个国家的元
首，每天要为人民的幸福考虑许多问题。孩子们感叹
着，同时心中也对这个为柬埔寨带来了独立和进步的
好国王肃然起敬。

从大皇宫出来后，孩子们还对大皇宫的一切回味无穷，尤其是大胡子叔叔讲的那个一生经历了许多磨难的国王西哈努克。要是能和他见上一面，那该是多么的荣幸啊！可惜他已经去世了。

离开金边大皇宫时，花花意犹未尽地转过头去看了一会儿那些宫殿，不知不觉地皱紧了眉头。

"再见了，甘达帕花小公主。"

虽然无法见到活着的西哈努克国王本人，但是孩子们却可以去看一看另一个在大地上的"西哈努克"。

在游历了金边大皇宫之后，柬埔寨之行的下一站就位于金边西南方向的海边小城——西哈努克市。

西哈努克市又被称为"西哈努克港"，是频临海洋的一个港口城市。因为它才创建几十年，所以也是柬埔寨最具有现代化特色的港口。来西哈努克港玩的游人们大部分都是冲着这里的海滩风情来的。这里背靠整个柬埔寨，面向暹罗湾，是全国最繁忙也是风景最美丽的海港。西哈努克港距离金边有几百千米，要是坐三轮车去的话可能要坐上个十天半个月才能到吧，所以这次大胡子叔叔一行人选

择的交通工具是金边到西哈努克港的大巴车。

他们只坐了四个半小时大巴车就抵达了西哈努克港。这时候已经是下午一点了，但大胡子叔叔很高兴，因为这个时间正好去沙滩上躺着晒日光浴，没有比这更美妙的事了。

大胡子叔叔把孩子们带到了美丽的胜利海滩。这里到处都是穿着泳衣的游客，有的躺在凉椅上喝冷饮，有的正在海水里嬉戏打闹。大胡子叔叔租了一架躺椅和一个凉棚，全身脱得只剩下一件可怜的四角裤了，然后噼里啪啦地抹上了防晒霜，戴着墨镜美滋滋地躺在海滩上晒太阳，旁边放着一杯柠檬味的冷饮。真是舒服啊！大胡子叔叔脸上洋溢着陶醉的表情。这几天到处去玩，他都快累坏了，现在就让这疲劳的身体在这

里慢慢恢复元气吧。

　　天真活泼的孩子们可没有大胡子叔叔那样的闲心。他们换上早已准备好的泳装，在沙滩上疯狂地追逐着，欢笑着，一会儿跳到水中去打水仗，一会儿又在沙滩上画沙图，一副其乐无穷的样子。

　　孩子们跑累了，就四仰八叉地躺在白沙上晒太阳。胜利海滩的天好蓝啊，就像这清澈的海水一样，白云就是那海中翻滚的浪花。

　　三个孩子头靠着头躺在沙滩上，摆出了一朵小花的形状。

花花望着天空傻笑起来："你们说，海鸥会不会是天使变的？"

映真说："海鸥是海鸥蛋变的。"

晒了半天的日光浴后，整个人都变得疲软无力，就像泄了气的皮球一样，连走起路来都是东倒西歪的。

"孩子们，今晚我们去吃柬埔寨的特色火锅！"大胡子叔叔给孩子们打气。这一招果然有效，孩子们对吃的真是招架不住，一听说要去吃柬埔寨火锅，刚才还有气无力的样子，现在马上就变得生龙活虎了。

"柬埔寨也有火锅吗？"花花觉得有点不可思议。

"有啊，不过吃法和味道与中国有点区别，今晚我们去吃一下就知道了。"

吉米用舌头来回舔着嘴唇，说："一定很好吃吧，我都有点等不及了耶。"

四人走进了位于海滨的一家餐馆，孩子们期盼已久的柬埔寨火锅终于来了。这种火锅简单来说就是上烤下涮。在锅的中间是一个上小下大的铁篦子，用来烤肉，而篦子的最外圈是一圈凹槽，用来涮菜。不知道这种柬埔寨火锅里面加了一些什么样的配料，闻起来好香啊，孩子们口水

都流出来了。但柬埔寨火锅具体该怎么吃呢？大胡子叔叔夹起一块牛肉搁在火锅中间的铁篦子顶端，不一会儿牛油就溢了出来，流到下面的凹槽里。

"再等一会儿，看到凹槽里的汤冒泡了就可以放菜来涮了。这种火锅在当地又叫BBQ，也许会是你们这次来柬埔寨吃过的最美味的东西哦。"

这时候映真突然对服务员说了句："我想要'烙母猪'。"

花花和吉米还以为他说的是汉语，把肚子都笑疼了。

"映真，你口味真独特，竟然想吃母猪，而且还是烙的，

笑死我了！"

　　映真也笑了："你们搞错了。我说的是柬埔寨的语言。来柬埔寨之前我看过一些柬埔寨日常用语的介绍，'烙母猪'的发音在柬埔寨的语言里就是'酸汤'的意思。"

　　原来如此，映真来柬埔寨之前可是好好做过功课的。

第10章　斗鸡大赛开始啦

　　真的像大胡子叔叔说的那样，柬埔寨火锅太好吃了，是他们到现在为止吃过的最美味的柬埔寨食物。

　　吃完了火锅天色已经很晚了，四周早已黑得伸手不见五指，接下来应该就是去找旅馆了吧。但是不幸的事情发生了，他们找遍了小城的每一个角落，所有的旅馆房间都被游客预定了。花花急得都快哭了："我们今晚不会像乞丐一样睡在大街上吧？"

大胡子叔叔想了一会儿终于说道："我有办法了！"

　　但是他并没有带着孩子们向明亮宽敞的地方走去，而是走上了一条既偏僻又狭窄的小路。

　　胆小的花花吓得直发抖，牵着大胡子叔叔的衣服寸步不离地跟在他身后，脚步又细又急，生怕走慢了会被甩在后面。

　　吉米搞不懂大胡子叔叔到底想干什么，疑问起来："大胡子叔叔，我们今晚难道要去住山洞吗？"

　　"要是真的有山洞住也不错哦。"大胡子叔叔吸了吸鼻子，"你们闻闻，乡村的空气真清新呀。"

"乡村，我们到乡村来干吗？"映真说。

"今晚就在农民家里过夜，我们可以给他一些钱，吃住在他家，这样还能感受真实的柬埔寨生活呢。"大胡子叔叔刚说完，突然不知从哪里冒出来一声鸟叫，在漆黑的夜色中显得分外阴森恐怖。花花吓得跳了起来，一身冷汗将衣服都打湿了。

花花惊恐地大叫了一声，声音在乡村的田野间久久回荡着。不一会儿就有一个柬埔寨农民伯伯拿着电筒寻找过来了。由于英语是柬埔寨的官方语言之一，所以这个农民和很多柬埔寨人一样都会一些简单的交际英语。大胡子叔叔把他们吃完火锅后没有找到旅馆，然后想在农民家里借宿的来龙去脉简单地告诉了那位农民伯伯，农民伯伯很高兴地答应了大胡子

叔叔的请求，并热情邀请他们去自己家做客。

東埔寨这个国家经济虽然落后，但民风淳朴，大部分的老百姓都很好客。

大胡子叔叔他们来到了农民伯伯的家里。根据東埔寨礼仪，进入房中时要把鞋子脱了，而且鞋子不能挂得比人的头高。这是一幢修建在木桩上的典型東埔寨农居，房子悬在半空中，就像中国西双版纳的吊脚楼一样。孩子们光着脚丫在木质的楼板上跑来跑去，对"咚咚咚"的脚步声产生了浓厚的兴趣。跑了一会儿后大家都有点累了，就去房间里睡觉了。

可是累坏了的孩子们这一觉睡得并不踏实，刚睡下，耳

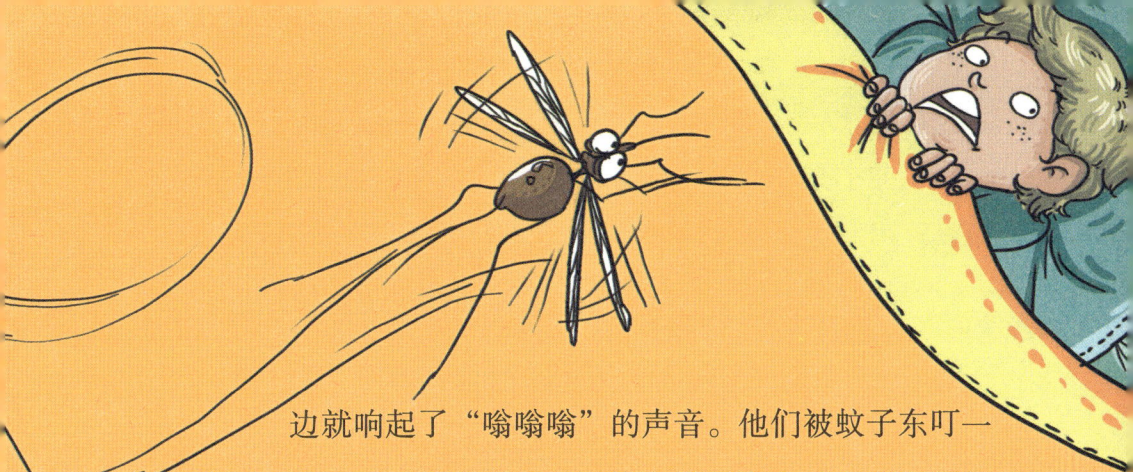

边就响起了"嗡嗡嗡"的声音。他们被蚊子东叮一下，西咬一口，睡房里不时地传来惊叫声和"啪啪"的打蚊子的声音。吉米和映真把头蒙进被子里，可是这粗糙的被子根本无法抵挡住蚊子苗条的身躯。蚊子总会想方设法地从各个缝隙钻进来，肆无忌惮地享受着"美味"。孩子们粉嫩的皮肤上被嚣张的蚊子叮得到处都是红点。花花气得都想骂人。

大胡子叔叔听到了这边的动静，走进孩子们的房中拿出了一个神秘的小盒子，说："孩子们，你们在身上涂上这个盒子里的神秘药水就可以安心睡觉了，蚊子再也不敢来碰你们了。"

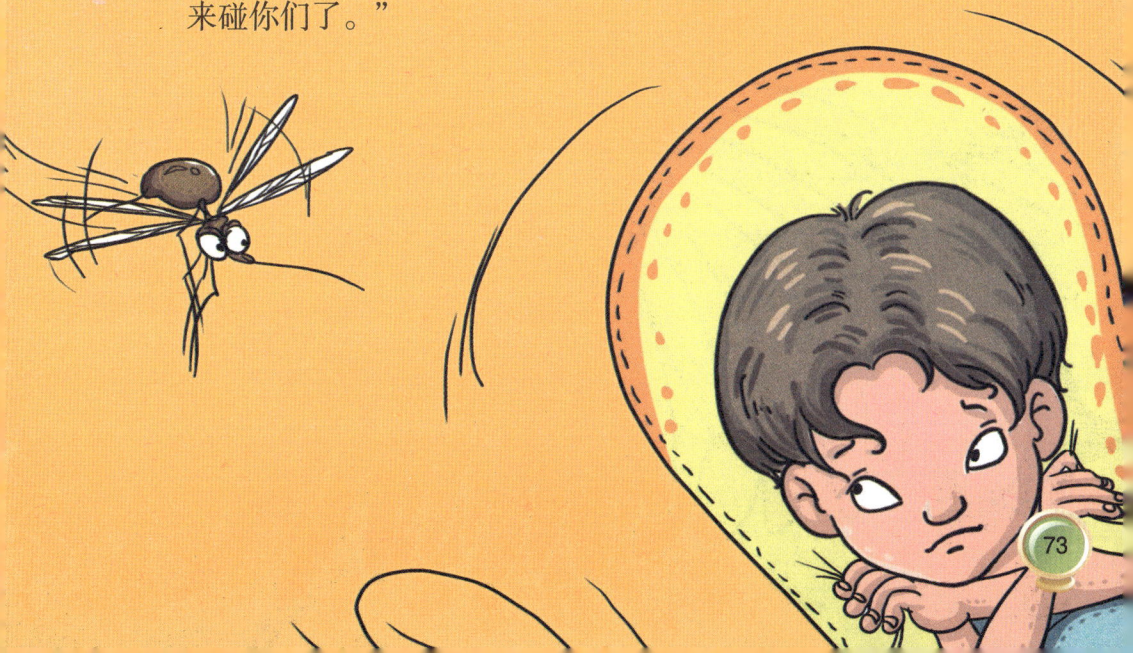

孩子们争先恐后地抢过神秘药水，打开一看，原来是风油精！

"原来大胡子叔叔所说的风油精的另外一个作用就是这个呀！"

"嗯，风油精不仅能防中暑、晕车，还能驱蚊呢。你们快点在被蚊子叮过的地方涂上一些风油精，然后揉一揉，那些红肿不久就会消下去。在另外的地方多涂一些风油精，蚊子就不敢来了。"

孩子们按照大胡子叔叔说的做了，蚊子果然就没再来侵犯了。后来，大家都睡得很香，吉米还梦到了开着飞机和蚊子大军展开大战呢。

一觉醒来，天已经大亮。

孩子们穿好鞋子从楼上咚咚咚地跑下来，看到大胡子叔叔正在院子里和农民伯伯一起研究一只大公鸡。

"大胡子叔叔，这就是我们的早餐呀？"脸也没洗，口也没漱的吉米抓着一头乱蓬蓬的头发问。

农民伯伯被这突如其来的一句话给逗笑了："哈哈！这只鸡可不能拿来给你们吃，它可是我的宝贝。"

"宝贝？是您养的宠物吗？"

大胡子叔叔说："柬埔寨民间有很多习俗，比如斗牛、斗象、斗鱼等。今天这位伯伯就要去参加村里的'斗鸡大赛'，怎么样？有没有兴趣一起去看？"

"好啊好啊，一定要去！"孩子们争先恐后地回答。

斗鸡比赛的场地是村里学校的操场。这里聚满了从各个地方赶来看热闹的农民们。选手们抱着自己的鸡先在主持人那里抽签，然后再根据抽到的编号和随机的对手比赛。每局比赛前都要先点燃半截香，香燃完后比赛就终止了。观众们可以自由地押宝，用稻谷、蔬菜或者肉类来押注，要是押的那只鸡赢得了比赛，那么押宝的人也可以赢得奖励，斗鸡比赛的胜利者也有奖励。

随着一声令下，斗鸡比赛正式开始了。孩子们挤在人群里跟着他们一起为自己喜欢的鸡呐喊助威。吉米激动得把脸都涨红了，不停地摇着手臂大喊加油。

两个多小时以后，斗鸡大赛终于结束了。花花和映真的脸上都洋溢着喜悦和骄傲，而吉米则像那些斗败了的公鸡一样垂头丧气、没精打采的。

原来吉米支持的那只公鸡在比赛中失败了，他现在还在伤心呢！

农民伯伯的"宝贝"在这次斗鸡比赛中赢得了第三名，这可把他高兴坏了，他准备在午餐时把得到的奖励品—— 一大块牛肉和猪肉做成的美味佳肴来好好庆祝一下，并邀请了大胡子叔叔他们。

　　农民伯伯的夫人把院子里打扫干净了，然后在桌子上摆满了亲手烹饪的香喷喷的菜肴，还拿出了一瓶自家酿制的土酒。就在大家准备开始吃饭的时候，大胡子叔叔发现少了一个人。

　　吉米哪儿去了？

　　花花像做错了事一样低着头小声地说："那会儿斗鸡的时候，吉米支持的那只鸡斗失败了，我就嘲笑了他几句。他一生气，就跑进林子里了。对不起，大胡子叔叔。"

　　"没事没事，这不怪你，花花。"大胡子叔叔摸着她的头说，"现在我们最重要的事情是赶紧把吉米找回来。他一个小孩子，要是路上遇到了坏人或者野兽怎么办？"

　　"对不起，我错了……"花花听到大胡子叔叔说到坏人和野兽，更加担心吉米了，眼泪哗哗地流了下来。

农民伯伯说："其实不用担心坏人和野兽，这一带到处都是村庄，野兽已经被赶到深山老林里去了，而乡下都是一些干农活的人，也不太可能遇到坏人。怕只怕他遇到炸弹呀。"

"炸弹？"大胡子叔叔和孩子们吓了一跳，惊讶得张大了嘴巴。现在又没打仗，哪里来的炸弹呢？

"我们国家打了很多年的仗，直到十几年前才好不容易停下来。以前法国人老来欺负我们，后来日本人又来侵略我们。

我们尊敬的西哈努克国王把柬埔寨从强盗的手中夺回来，争取了全国的独立，人们以为以后就能过上了幸福安稳的生活了，但是后来国内又爆发了内战，自己人打自己人。"农民伯伯黝黑的脸上露出了愁容，心酸地说着，"唉，战争虽然过去了，但是却留下了许多危险的东西。听政府说，在我们全国各地还有800万颗没有引爆的炸弹埋藏在地下。去年我们村就有一个人上山砍柴时不小心碰爆了一个炸弹，被炸得血淋淋的。我们平时都是在确定安全的田地里干农活，从来不敢轻易去开垦荒地，要是挖到炸弹就糟了。"

大家赶紧一起去找吉米，把周围有路可去的地方都走遍了，一边找还一边大声地喊着他的名字，但是一点儿回应也没有。天快黑了，大家就回来了，坐在院子里六神无主地发呆。

　　花花满脑子都是吉米被炸弹炸上天的画面，最后忍不住哇哇大哭了起来。

　　就在这时候，外面传来了一个女孩的声音。原来是农民伯伯的女儿回来了，吉米就跟在她的身后。

　　花花激动得冲过去一把抱住了吉米，高兴地说："太好了，太好了！你没有被炸弹炸飞？"

　　"什么炸弹？"吉米丈二和尚摸

不着头脑，到底什么跟什么啊，一句也没听懂。

农民伯伯的女儿这两天刚好去城里姑妈家了，所以大胡子叔叔他们来的时候还不知道他有个女儿。这个女孩子叫"新"，大胡子叔叔叫她"宁新"，"宁"在柬埔寨有表示女孩子的意思。柬埔寨人习惯在名字前加上一个表示身份或者性别的词语，比如在小孩子的名字前加上一个"阿"，在老爷爷的名字前加一个"达"。宁新虽然才十六岁，但是看起来已经和成人没有两样了。柬埔寨处于热带，人们的发育普遍要比其他国家的人快些。

宁新说："我今天下午从姑妈家回来时，在路上遇到了一个外国小孩子，他怎么穿着我家的木屐呀？这个木屐是我亲手做的，我当然认得出来。在好奇心的驱使下，我就把他

带回来了。”

花花感激地说：“宁新姐姐，真是谢谢您了，要不然的话，吉米就要被炸弹炸成几块了。”

“呵呵，不会这么夸张吧。”宁新笑道，露出了几颗整齐好看的牙齿。

吉米回来了，大家心里悬着的一块石头也就掉下来了。白天准备用来庆祝的饭菜现在都已经冷了，宁新的妈妈把它们又重新拿去热了一遍，然后大家一起坐在院子接着庆祝。

在外面走了一天，吉米已经饿得都快前胸贴后背了，肚子里像有个小型乐队一样敲锣打鼓的。一闻到美食的香味儿，他立刻不顾形象地狼吞虎咽起来，左手一只鸡腿，右手一块鸭肉。

大胡子叔叔赶紧制止他，拉着他的手臂说："吉米，在客人面前可要注意形象！"

花花扮着鬼脸，向吉米吐着舌头："哼，谁叫你今天跑出去？现在后悔了吧！"

"我才没有后悔呢，你不懂，人要等到饿到了极点才能感觉到食物的美味。我今天是故意跑出去的，我就是要让自己饿。"吉米一边啃着油腻腻的鸡腿，一边厚着脸皮说，"现在吃起这些饭菜来，感觉真的是美味极了！"说完还舔了舔手掌上的肉末。

大胡子叔叔无可奈何地摇着头说："在柬埔寨人的习俗里面，认为左手是不干净的，所以去别人家吃东西、拿东西都要用右手。像吉米这样双手齐下，跟猴子似的，是很不礼貌的。"

宁新姐姐倒是通情达理，还帮着吉米说话。她说："没事儿的，吉米小弟弟吃得这样起劲儿，这正说明了这饭菜十分可口，他是在夸赞我们的手艺呢。"

吉米听到有人为自己解围，连忙小鸡啄米似的点头："对！对！对！宁新姐姐最聪明了，我就是觉得你们做的饭菜太好吃了，是我这辈子吃过的

最好的饭菜了！"

农民伯伯举起酒杯说："庆祝我的宝贝公鸡拿了第三名！"因为嘴巴里还含着太多的食物，农民伯伯这几句话说得含含糊糊、不明不白的，大家谁也没听懂。

大胡子叔叔和他碰了一下酒杯说："庆祝宁新找回了吉米！"

花花也学起大人们的样子，端起一杯酒，说："庆祝我们的吉米没有被炸飞！"

花花这个动作虽然是学的大人，但还是带着小女孩的样

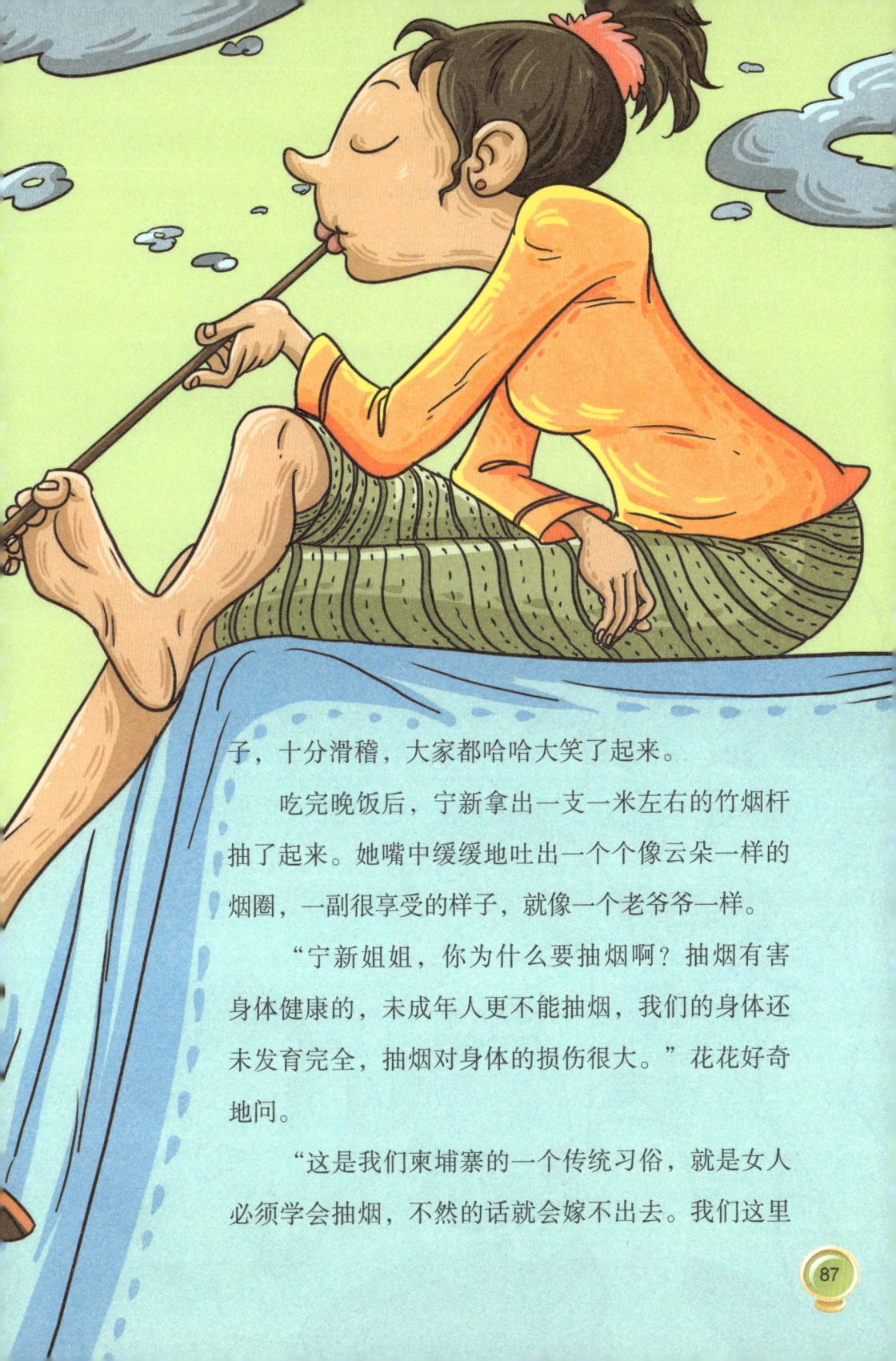

子，十分滑稽，大家都哈哈大笑了起来。

吃完晚饭后，宁新拿出一支一米左右的竹烟杆抽了起来。她嘴中缓缓地吐出一个个像云朵一样的烟圈，一副很享受的样子，就像一个老爷爷一样。

"宁新姐姐，你为什么要抽烟啊？抽烟有害身体健康的，未成年人更不能抽烟，我们的身体还未发育完全，抽烟对身体的损伤很大。"花花好奇地问。

"这是我们柬埔寨的一个传统习俗，就是女人必须学会抽烟，不然的话就会嫁不出去。我们这里的女孩子长到五六岁的时候，大人就会教我们抽烟，不管有多苦、多难受，你都得挺过去。这些苦和难受代表着生活的辛酸和磨难，村子里的老人告诉我们，要是在森林里迷路了，抽着烟就能够找到出口。"

花花感到有点庆幸："幸好我不是柬埔寨人，因为我最讨厌抽烟了，每次我爸爸抽烟的时候，我都会跑过去给他掐灭。"

听到花花可爱的回答，大家都哈哈大笑起来。

农民伯伯两只眼睛都笑眯了，变成了一条缝，就像脸上又多出来的一条皱纹。他说："花花你也不用太担心，就算你是柬埔寨人的话也不用担心，现在这个习俗只有我们乡下和少部分地方还在流传，城市里的人已经很少讲究这些了。"

吉米恍然大悟，

跳起来说："对！你还记得索曼罗次她们那个'女人的村庄'吗？那里的女人就没有抽烟，不是吗？"

还是学识渊博的大胡子叔叔懂得最多，吉米说完后他点了点头表示肯定，然后又接着他的话继续说："柬埔寨停止战争以后，开始发展现代经济，特别是旅游业的迅速崛起，吸引各种肤色的游客从世界各地潮水般涌来。这些来自四面八方的游人游览着柬埔寨的风景名胜，品尝着这里的特色食品，甚至有些还长久居住在这里投资做生意。他们感受着柬埔寨的古老风俗，但同时也影响和改变着这些古老风俗。现在柬埔寨人的生活方式已经发生了很大的变化，越来越多地融入了现代社会理念。你们如果仔细观察，在金边市区和西哈努克

街市上就会看到很多穿着西装的柬埔寨人，他们有的是公务人员，有的是白领或者商人。对于这些思想开放的柬埔寨人来说，像"纱笼"和"山朴"这样的传统服饰已经不再那么重要了，它们既不美观也不方便。柬埔寨差不多是和中国同一时期加入世界贸易组织的，它还是'东盟'的成员国之一呢。这个国家在经历了无数的动乱和沧桑以后，正在快速地发展着，就像一个孩子到了青春期一样，正在长个儿。"

听了大胡子叔叔这一席话，孩子们又收获了好多以前不知道的知识，心目中开始对这个国家刮目相看了。

第12章　吴哥不是人名

　　快乐的时光总是短暂的，转眼间大胡子叔叔他们就要离开乡村了。

　　这两天和农民伯伯一起去斗鸡，一起寻找吉米，一起和宁新姐姐去田里捞鱼……经历了很多很多事情，彼此间都产生了感情。宁

新真的很希望吉米他们能再多玩几天，她很想再听听他们讲述大城市的样子，那些她从来没有玩过的电玩，从来没有逛过的主题公园。孩子们也想和宁新姐姐一起去多摘一些稀奇古怪的野果子，挖一挖城市里不能生长的草药。可是大胡子叔叔规划的旅游时间是很有限的，现在他们不得不离开了。

花花突然想到一个两全其美的办法，她说："宁新姐姐，你和我们一起去玩吧，你也可以给我们当导游啊。"

其实宁新也很希望这样，但是现在有一件事成了她最大的阻碍。

"花花，我也很想跟你们一起去，但是我过几天就要接受'蔽日礼'了，从那时起就不能出门了。"宁新无奈地说。

"'蔽日礼'是什么？"孩子们异口同声地问。

大胡子叔叔亲切地笑了起来："你们的宁新姐姐要嫁人了，明白了吗？在柬埔寨，女孩子到了出嫁的年龄就要接受'蔽日礼'，顾名思义，就是关在家中的房间里不见太阳。'蔽日礼'开始后，女孩的父母要请僧侣来诵经祝福。在这期间，任何男性都不可以见她，哪怕是自己的父亲或者兄弟也不行。而且女孩子不准踏出房间半步，吃饭、洗澡、睡觉这些事都要在房间里进行。'蔽日礼'的日期根据女孩子家的贫富程度而定，短的几个星期，长的几年。在'蔽日礼'结束后，就有资格结婚了。"

孩子们本来因为离别而悲伤的心情突然变成了喜悦和兴奋，都在为宁新姐姐高兴着。

花花说："宁新姐姐，我们提前祝福你，你结婚的时候一定不要忘了通知我哦！"

"还有我！还有我！"吉米和映真也抢着说道。

就这样，四个人离开了那个有着难忘记忆的乡村，离开了拥有着现代风格的西哈努克港，来到了一个和西哈努克港风格截然不同的，充满了柬埔寨古典风格的地方。

车上，大胡子叔叔问："孩子们，你们知道东

方的四大奇迹是哪些吗？"

"造纸术、印刷术、火药、指南针，对不对？"吉米得意地说。

"错了，你说的那个是中国的四大发明，不是东方四大奇迹。东方四大奇迹是：中国的长城、印度的泰姬陵、印度尼西亚的婆罗浮屠，还有就是柬埔寨的吴哥窟。"

大胡子叔叔激动地介绍着："吴哥窟是整个柬埔寨最出名的地方。它是世界上最大的庙宇，也是吴哥众多古迹中保存得最为完好的庙宇，以宏伟的建筑和细致的浮雕闻名于世。吴哥窟代表了柬埔寨过去所有的的辉煌与荣誉。几乎每一个来到柬埔寨的人都会来这个地方看一看，没有谁不被它的美丽所折

服。”

　　“吴哥窑”这个熟悉的词语勾起了花花零星的回忆，她说：“我们教科书上面就有吴哥窟的相片，还说它是世界奇迹。但是为什么叫吴哥窟呢？我一直都以为它是一个姓吴的中国人修建的洞窟。”

　　“吴哥不是一个人，它是柬埔寨这片土地上曾经出现过的一个王朝。吴哥王朝统治时，就像中国的唐朝、法国的拿破仑帝国一样，柬埔寨达到了它历史上最鼎盛的时期。国泰民安的吴哥王朝拥有足够的财富后，国王苏利耶跋摩二世就耗费了大量人力、物力，花了三十多年时间，建

成了吴哥城，并把它作为全国的国都，把吴哥窟作为国寺。吴哥窟又叫'毗湿奴神殿'，中国古代叫它'桑香佛舍'。窟就是专门用来安放佛像的洞穴，就像中国敦煌的莫高窟一样。大家如果细心的话，就会发现柬埔寨的国旗是上下蓝色，中间为红色，红色的中间画着一个建筑物，其实那个建筑物就是吴哥窟。"

"那为什么现在柬埔寨的首都变成了金边呢？"映真问。

"历史上暹罗曾经多次入侵吴哥，后来吴哥国王实在厌烦了它的骚扰，一气之下就把国都迁移到了金边。暹罗就是现在的泰国。吴哥王朝迁都金边以后，原来的旧都就慢慢被

荒废了。宏大的吴哥建筑群被经年疯长的杂草和树木掩盖了起来，辉煌的文明就这样悄悄地消失了，人们也忘记了那个曾经的吴哥王朝。"

东方奇迹——吴哥窟

　　吴哥窟是柬埔寨西北方的一座印度教-佛教庙宇，又被称为吴哥寺，始建于柬埔寨历史上辉煌一时的"吴哥时代"，在真腊王苏利耶跋摩二世的策划下，花了整整35年才建成。后来暹罗军队入侵柬埔寨，国王迁都金边，吴哥窟从此被废弃，直到后来被一个外国人重新发现。

　　吴哥窟建筑群美轮美奂，展现了柬埔寨人高超的建筑艺术，享誉环球，堪称东方的奇迹。

第13章　柬埔寨奇迹之城

　　这次柬埔寨之行的重头戏终于来了，孩子们欢呼雀跃般踏进了吴哥建筑群。

　　吴哥城就像一个用围墙围起来的四四方方的大盒子，有五个塔形城门。城外有条宽阔的护城河，就算到了今天，那条河依旧碧绿如玉。站在远处眺望吴哥城，地上城堡和护城河水中的倒影交相辉映，亦真亦幻，美妙无双。

大胡子叔叔站在古朴的吴哥遗迹面前对孩子们说："中国元朝的时候就有个叫周大观的人来到了吴哥。他被这里精美的建筑深深迷住了，回到中国后，他写下了一部记录吴哥辉煌和华美的游记——《真腊风土记》。从那时起，外国人就开始从文字和传说中了解到了在东南亚半岛还有这样一个震惊世人的地方。后来法国的传教士回国后也向人们说起这个建筑群。当时的人们并不相信古老东方的一个弹丸小国会有这样伟大的作品，都认为传教士是在吹牛。光辉灿烂的吴哥文明就这样被埋没在了繁盛的丛林之中。虽然部分柬埔寨人发现了这里，但是也只是在逢年过节

时来拜一拜，把它当作一个荒废的庙宇，并没有引起多大的重视。"

　　"那后来是谁发现了这里，并让它们重新展现在人们面前的呢？"花花问。

　　"后来有个叫亨利·穆奥的法国学者写了一本关于这里的书，由此开始引起了人们对吴哥古迹的重视。当时殖民统治着柬埔寨的法国政府也开始派人发掘和研究这里，就像我给你们讲的那样。后来柬埔寨发生了很多波折，长期处于战乱之中，吴哥古迹因此再次被荒废，甚至一些盗贼还乘虚而入，跑来盗取这里的珍贵文物。一直以来，许多国家的有识之士自费组织人员来这里，对古迹进行修缮和保护，抢救这人类文明史上的

无价之宝。"

　　孩子们漫步在护城河的石桥上，细心的映真发现了一个奇怪的现象。他问道："大胡子叔叔，你看这桥的左右两边都有二十七个雕像，但是一点儿也不对称，而且完全不同，好奇怪。"

　　"这个左边的雕像和右边的雕像各自象征着不同的种族，一边代表着魔鬼，一边代表着神灵，双方一邪一正，千百年来就这样对视着，直到长满青苔。"

　　走进吴哥窟，就像走进了传说中的西方极乐世界。站在荒草蔓芜的广场上，四周都是高大雄伟的佛像，会感觉自己越来

越渺小。

　　那些精雕细琢的飞天女神和端庄慈蔼的佛陀，仿佛会从灰黑色的石头中醒来一样，活灵活现地摆着各式姿势，默默注视着前来参观他的游人。

　　在吴哥窟漫长而宽大的回廊上雕刻着许多精美图案。有的是关于佛教故事的演绎，有的是关于吴哥王朝的历史事件。

　　吉米在回廊的南端看到了一处很有趣的浮雕。一个戴着王冠的人盘腿坐在宝座上，没有穿鞋子，一双赤脚露了出来。左右两边有人拿着巨大的扇子为他扇风，一群女人在他的身后点着一支很大的蜡烛。

　　"大胡子叔叔，这就是国王吗？"吉米指着那里问道。

"对，这就是吴哥窟的缔造者，苏利耶跋摩二世。"

吴哥遗址太大、太美了，到处都是景点，让人很难在短时间里慢慢地欣赏完，许多人都只有蜻蜓点水般的游览。大胡子叔叔带着孩子们东看看、西瞧瞧，一路来到了吴哥城里的巴戎寺。

这里立着许多巨大的头像，每个头像都有四个面。

"一、二、三、四、五……二十、二十一、二十二、二十三……"花花一顿一顿地数着这些"石头大脑袋"，最后得出了一个数字，"一共有四十九尊石像！"

大胡子叔叔说："这些石像的面貌都是根据建造巴戎寺的神王——阇耶跋摩七世的样子雕成的。每个石像都面带微笑，非常受世界各国游客喜欢，人们把它称为'高棉的微笑'。"

"高棉的微笑？"孩子们仰着小脑袋瓜儿对这些石像嘻嘻哈哈地笑了起来，歪着头不停地扮着鬼脸。

"这是花花的傻笑。"

"这是吉米的坏笑。"

"这是映真的微笑。"

孩子们互相评论着，想象力还真是丰富呀！

在孩子们正在展开奇思妙想的翅膀的时候，大胡子叔叔突然问道："孩子们，你们看过美国大片《古墓丽影》吗？"

几个孩子都举起手来说："我看过，怎么了？"

"我马上就要带你们进入《古墓丽影》的世界了。"大胡子神秘地笑了起来。

进入《古墓丽影》的世界？不会吧？难道是穿越吗？

当孩子们跟随着大胡子叔叔一起来到古老的塔布笼寺面前时，一切都明白了，原来这里就是《古墓丽影》的拍摄地。

经过了千百年的风刀霜剑，

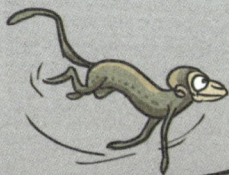

古朴的塔布笼寺已经被疯长的树木死死地压在了根下，就像被压在五指山下的孙猴子一样，无奈地看着时间的流逝。

大胡子叔叔说："据说这个寺庙是国王为了纪念他的母亲而修建的。现在它已经和这里的千年古树融为一体，人们已经不能把树木从它身上分离了，要是强行分离的话，塔布笼寺就会坍塌。"

孩子们好奇地在这个和树木合二为一的古寺里穿梭着，感受着历史的沧海桑田。

逛过了塔布笼寺后，已经到了下午了。

"吴哥遗址的景点太多了，要是能够一口气把所有的风景都看完，该有多好呀！"花花深有感触地说道。

　　"吴哥城刚建立时，国王就在巴肯山上修建了一座国庙，称为'巴肯寺'。巴肯山离这里不远，我们去那里看一看吧。要是幸运的话，还能在巴肯山上看到美丽的'日落入潮'哦。"大胡子叔叔说。

　　吉米没有理解到最后一句话的意思，问道："什么叫'日落入潮'啊？"

　　"'日落入潮'就是黄昏的太阳落到大海里面去了，潮水暗涌，那个景色可是美极了。"

　　在城市里长大的几个孩子从来没有见到过太阳这样落下山

的样子，或者说看到的都是被钢筋混凝土的高楼大厦遮蔽了的日落。这一次可以去体验真实的自然日落了，他们当然不会放过这个机会，一路上不停地催促大胡子叔叔走快点。

巴肯山的山路不太好走，估计走到山顶时天早都黑了。

花花忽然发现了对面有驯养的大象，就拉着大胡子叔叔说："大胡子叔叔，我们坐大象上山去吧，为了看到美丽的'日落人潮'，只有这样了。"

今天逛了大半天的吴哥遗址，大胡子叔叔浑身上下都酸痛酸痛的，他看到大象，心中就打算去租乘了。大胡子叔叔和驯象的主人讨价还价了一番后，最终以每头23美元的价格成交。

花花和大胡子叔叔坐在同一只大象上，吉米和映真坐在另外一只大象上，大象的主人就骑在最前面驾驭。

大象在山路上一起一伏地走着，孩子们在颠簸的象背上不但丝毫不害怕，还兴奋地大叫起来。

"嘿，巴肯山，我们来了！"

"向山顶出发！"

"我们是大象骑士。"这几个孩子还真是想象力丰富。

大胡子叔叔的身子随着大象一摇一摆，他接着说："花花，我问你一个关于你们中国四大名著的问题，看你能不能回

答上来。《西游记》的第一回里说孙悟空的老家花果山在傲来一国的海外，你知道这个傲来国在哪里吗？"

"呃……不知道，不知道。"花花把头摇得跟拨浪鼓似的。

"这个傲来国就在东胜神洲。传说咸海上有四大部洲：东胜神洲、西牛贺洲、南赡部洲、北俱芦洲。这几个大洲分布在东西南北四个方位，它们的中心就是须弥山。传说须弥山是天地宇宙的中心，山上到处都是奇花异草，所以终年都飘荡着一阵阵清香。还有许多奇异的飞禽走兽居住在须弥山的山林中。山中的房屋、门墙、栅栏、阶梯等全部是用金银珠宝建成的。许多鬼神都住在这须弥山中，帝释天就住在这须弥山山顶的三十三天宫里面。"

哇！大胡子叔叔真厉害，他的脑袋里面是不是安装了电脑芯片呀，竟然能够装下这么多东西。真是无所不知啊！花花作为一个中国人，竟然连自己祖国的四大名著的内容都没有详细地了解过，真是惭愧啊！

山顶终于到了，就像大胡子叔叔描述的那样，这里只剩一堆残垣断壁。不管从哪个角度看上去，都无法使人联想到当年那个香火鼎盛、信徒络绎不绝的巴肯寺。现在这山顶上也挤满了人，但是都不是来朝佛的。他们拿着相机随时准备捕捉美景，都是从各地慕名而来观看"巴肯山日落"景象的。

从这里望去，整个吴哥窟都尽收眼底。孩子们在山顶饶有兴趣地寻找着今天去过的那些地方，想看一下从高空俯瞰这些景点会是什么样子？

　　"你们看，那边就是泰国了。"大胡子叔叔指着前方说。

　　"哪里，哪里？"孩子们争先恐后地寻找着，"啊！你们看那些尖尖的塔顶，真的是泰国耶！真是幸运啊，竟然在这里看到了泰国。"

　　大胡子叔叔找了一块高高的石台坐下，孩子们就围在他周围，也学起他的样子盘腿而坐。

　　激动人心的日落就要来了！孩子们心跳都不由自主地加快了。但是大胡子叔叔反而更加放松，落日的余晖把古老的吴哥

染成了一片淡黄色。随着淡黄色的褪去，天空渐渐被黑暗的大嘴所吞噬。

夕阳在山间慢慢地下坠，白天的燥热和喧嚣如潮水般退去。直到如同一个蛋黄的太阳在大山的背后隐没不见，山顶上的众人才爆发出此起彼伏的赞叹声和欢呼声。

日落看完了，大胡子叔叔心中一片平静。但是孩子们心中却冒出了一个大大的问号。

"不是说'日落入潮'吗？潮在哪里呢？海又在哪里呢？"

大胡子叔叔看着远方，语重心长地说："潮是历史的浪潮，海是回忆的大海。"

日落入潮

"日落入潮"是吴哥窟著名的景象之一，吸引了世界各地无数的游客慕名前来。徜徉在吴哥窟的建筑遗址中，感受着柬埔寨人富有特色而又让人着迷的艺术。奔波了一天，当你人困马乏的时候，坐在山头，眺望着眼前的一切，伴着落日的余晖，顿时会感受到时空的错落感。千年不过弹指间，唯有日起日落，从未变更。

柬埔寨的送水节龙舟赛主赛场就在碧水清清的洞里萨湖上。而这期间，国王也要搬到王宫对面的水上房子里住上三天，以表示对水神的敬意与亲近。

大胡子叔叔和孩子们在观看台上密切关注着龙舟比赛。经过了一个小时的厮杀，黄队过关斩将，最终赢得了本年度"送水节龙舟大赛"的第一名。

在黄队的队员们热泪盈眶地拥抱在一起庆祝胜利的同时，观看台这边的大胡子叔叔和孩子们也抱在一起欢呼雀跃着。

在龙舟赛闭幕会上，花花终于近距离地看到了柬埔寨的国王西哈莫尼。真的就像大胡子叔叔说的那样，这个国王帅呆了！花花的心情激动了好久才平静下来。国王和总理、参议长等领导人，亲自给获奖的运动员们颁奖。这至高无上的荣誉可把周围的观众们羡慕死了。颁完奖之后，闭幕会表演就开始了。大胡子叔叔和孩子们一起，兴致勃勃地看完了所有的精彩汇演。

几个小时后，又开始了游灯船活动。柬埔寨政府建造了许多五彩斑斓的游灯船，船上挂满了各种美丽的灯饰。国王西哈

莫尼及其随从，乘着各式各样的灯船在洞里萨湖上面缓慢地行驶着。

许多围观者都拿出了相机和手机来记录这华丽温馨的一夜。花花也用她的数码相机拍了好多照片。

许多人成群结队地来到洞里萨湖湖畔，虔诚地放下了手中的水灯，双手合十，闭目祈福。祈福完毕后，再用手在水灯后面轻轻地一推，载满了祝福和爱的水灯就向远处驶去。

成千上万的水灯漂浮在湖面上，远远看去就像一朵朵盛开在湖面上的火莲花。孩子们赶紧双手合十，各自许下了自己的心愿。

大胡子叔叔说："孩子们，给大胡子叔叔说一说，你们许的到底是什么愿呢？"

吉米最先说："嗯，我许的愿是希望全世界来柬埔寨旅游的人越来越多，让更多的人来了解这个美丽的地方。"

映真说："我许的愿是希望柬埔寨人能忘记'红色高棉'留下的那段阴影，还有就是能够保护好吴哥窟的古迹。"

"花花，该你了，让我们大家来听一听，你的心愿是什么呢？"大胡子叔叔和蔼地说道。

"我希望贫穷的索曼罗次以后能够上学读书，希望戈岛上'女人的村庄'中的人们永远和睦相处，希望以后还有机会再和宁新姐姐见面。"花花露出了两个大大的酒窝，笑眯眯地说，"最好是能生下一个可爱的小胖子，让我抱抱。"

　　大胡子叔叔和孩子们都笑了。

　　这时候突然"砰"地一声巨响，不知从哪里冒出来的一束烟花射到了半空中，然后炸成了五颜六色的"流星"。随着这束烟花的爆炸，洞里萨湖四周的几百筒烟花，全部"砰砰砰——"地向天空发射。烟火在黑漆漆的天空里划过，在冲上

最高处的那一刹那又炸成了各式各样的美丽图
案。金边市中心那边也放着烟花来与这里遥
相呼应。腾空而起的彩色烟花将整个金边映衬
得艳丽斑斓。花花仿佛来到了中国的春节，映真和吉米就好像
在过圣诞节一样。

虽然已经是深夜了，但是大地上还是一片灯火通明，这
是一个不眠之夜。人们狂欢着，歌唱着。大胡子叔叔和孩子们

也融入到了人群之中，一边扯开了嗓子唱歌，一边跳着摇摆的舞蹈。

今夜，我们都是柬埔寨人。

计划的旅行时间马上就要到结束的时候了，孩子们不得不对这个美丽的国家说再见了。

大胡子叔叔把旅馆里的东西收拾好了之后，就带着孩子们乘着三轮车来到了金边机场。

上飞机后，花花透过玻璃窗向下望去，看到了柬埔寨的大皇宫，看到西哈努克港沙滩，看到了吴哥窟……

再见了，柬埔寨！